U0148461

禪餘歪詩

鐘 友 聯 著

文 學 叢 刊

文史哲出版社印行

國家圖書館出版品預行編目資料

禪餘歪詩 / 鐘友聯著. -- 初版 -- 臺北市：
文史哲, 民 102.11
　　頁; 公分（文學叢刊；305）
　　ISBN 978-986-314-152-5（平裝）

851.486　　　　　　　　　　102023848

文 學 叢 刊　305

禪 餘 歪 詩

著　　　者：鐘　　　友　　　聯
出 版 者：文 史 哲 出 版 社
http://www.lapen.com.tw
e-mail：lapen@ms74.hinet.net
登記證字號：行政院新聞局版臺業字五三三七號
發 行 人：彭　　　正　　　雄
發 行 所：文 史 哲 出 版 社
印 刷 者：文 史 哲 出 版 社
臺北市羅斯福路一段七十二巷四號
郵政劃撥帳號：一六一八○一七五
電話 886-2-23511028・傳真 886-2-23965656

定價新臺幣三八○元

中華民國一○二年（2013）十一月初版

自　序

　　最近幾年，我寫作的方向，突然有了很大的轉變；突然寫起了五言七言，這類形式非常工整的打油詩，而且產量非常驚人，幾年下來，已經累積了數千首之多。

　　這種寫作方式，是過去，從開始懂得寫作以來，從未有過的，真是意想不到，至於當時何以會走上這條路，也不是很清楚，絕對不是有意的，追求得來的，完全是在很自然的狀態下，脫口而出，隨手拈來，似如湧泉，一天數首。這有點像禪宗的頓悟一樣，突然茅塞頓開。只要靜下來，詩句就會自然湧現。

　　現在，我是特別喜歡這種創作的方式，主要是年紀大了，視力漸退，不適宜長時間伏案寫作，或做電腦文書處理，長篇大論的文章不寫了，五言七言這種小而巧的打油詩，太適合我了，不論我在公車捷運上，或是在遊山玩水，都可以創作，口袋備妥紙筆，簡單幾個字，隨手記下來；尤其是睡前，靈感最好，床頭備妥紙筆，隨時做紀錄，雖然是很普通，很簡單的句子，如果沒有記錄下來，事後往往怎麼想都想不出來。

　　我太喜歡目前這種寫作方式，而且我創造出來的風格，也贏得知音的青睞，每天創作不絕，已經到了

> 天天有詩
>
> 無詩不樂

的境地。只要創作幾首詩，就會讓我覺得日子很充實，沒有白活。如果一整天下來，沒有得到半首詩，我會覺得很悶，很無趣。

　　現在我是太愛這種輕鬆，簡便的寫作方式，用最少的字句來表現心中的理念，而且讓現代人容易接受，不耐久讀是現代人的通性，我寫的打油詩，太適合大家了。

我的詩

> 脫口而出老少宜
> 朗朗上口近常理
> 生難字詞全都棄
> 咬文嚼字本不須
> 不忌俚俗不稱鄙
> 雅俗共賞才有趣
> 平仄不論非近體
> 順來一韻押到底

　　現代人一提到古書，古文，古詩，就不想讀了，傷腦筋，又讀不懂。我寫的打油詩，五言七言，很工整，又押韻，但是我告訴大家，我寫的不是古詩，而是新詩，我不是古人，我是現代人，寫的當然是新詩，我用的是現代的語言，現代的精神，新的思維，新的語法，當然是新詩。而且我認為寫作是在傳達理念，如果寫出來的作品，人家

看不懂,那又何必寫呢?所以,我一向都喜歡用最淺白的文字來創作,就是要讓人輕鬆地接受。

我創作出來的每一首打油詩,都會在網路上發表,與喜愛詩文的朋友分享。我創造出來的風格,頗有吸引力,得到大家的喜愛。後來在網路上發現,熱愛書法的人士,用書法寫我的詩,有的有註明是我寫的詩,有的沒註明,有的會在網路發表,不發表的,可能更多。可見很多人喜歡我的詩。後來也有人來信,他們練習書法,想要寫我的詩,問我可不可以,我說歡迎之至。

他們告訴我,書法總是喜歡寫些唐詩宋詞,或是格言嘉句,寫來寫去,經常雷同,所以他們喜歡拿我的詩去寫。因此觸動了我的靈感,從我創作的數千首打油詩中,挑選有啓發性,有益世道人心的詩,加以分類,規劃,編輯,分別請不同的書法家來書寫,才不致於重複,同時可以欣賞到不同風格的書法。

我的想法,得到無數書法家的支持,本書因而順利誕生了。我特別要跟諸位報告,本書納進來的二十五位書法家,均從未謀面,熱愛藝文的雅士,就是這麼可愛,令人敬佩。詩書共賞,是本書設定的目標,如果有更多的書法家,願意參與,那就繼續出版下去。

至於本書何故稱「歪詩」呢?這不是自謙之詞;也不是因爲我創立了「歪門道」,受封爲歪幫幫主,而是因爲我的詩是不按牌理出牌,我追求的是朗朗上口,如果平仄格律會影響口語的流暢,必捨棄。

不按牌理出奇牌
詩格詞律旁邊擺
信筆塗鴉揮灑來
道出真意眾喝采

　　文學是與時俱進，每個時代，都會發展出合乎時代精神，及時代需求的文學形式。請讀者不必費心在詩中找平仄，那是白費力氣，只要大聲開口去朗讀就可以了。

鍾友聯　謹識
2013 年 8 月於燕子湖畔不二草堂

禪 餘 歪 詩

目　　次

第一章　挽狂瀾

書法　陳秋宗大師

挽狂瀾

混亂價值觀
追求財萬貫
有心挽狂瀾
無力可回天

鐘友聯教授禪詩　陳秋宗書

無力可回天　有心挽狂瀾　追求財萬貫　混亂價值觀　挽狂瀾

人文值

財富裝門飾
腹中唯美食
忽視人文值
行為低品質

鐘友聯教授禪詩　陳秋宗書

行為低品質

忽視人文值

腹中唯美食

財富裝門飾

人文值

幸福

自由勝富貴
幸福不難追
菜根有美味
快樂永不退

經友聯曼授禪詩　陳秋宗書

快樂永不退　菜根有美味　幸福不難追　自由勝富貴

臭皮囊

莫言臭皮囊
讓你身心癢
入道不理它
如何靜心養

臭皮囊

莫言臭皮囊

讓你身心癢

人道不理它

如何靜心養

鐘友聯教授禪詩　陳秋宗書

蝴蝶

蝴蝶醉人間
何故舞翩翩
不知衣食苦
樂如花中仙

鐘友聯教授禪詩　陳秋宗書

蝴蝶醉人間

何故舞翩翩

不知衣食苦

樂如花中仙

勤儉自持

勤儉自持遵古訓
點滴心血仔細運
本非富豪絲縷省
怎可揮霍傷心神

勤儉自持

勤儉自持遵古訓

點滴心血仔細運

本非富豪絲縷省

怎可揮霍傷心神

鐘友聯教授禪詩　陳秋宗書

環保

不背天理有飯吃
保護生態人不痴
愛救地球盡於斯
舉手之勞人皆知

逢友聯藝教授禪詩　陳秋宗書

曾經

曾經走過有足跡
曾經擁有當珍惜
曾經做錯當記取
曾經失敗就別提

曾經走過有足跡
曾經擁有當珍惜
曾經做錯當記取
曾經失敗就別提

鐘友聯教授禪詩　陳秋宗書

臘燭

臘燭燃燒現光明
照耀他人順天成
犧牲自我是佛成
成就他人萬世名

鐘友聯教授禪詩　陳秋宗書

蠟燭

蠟燭燃燒現光明

照耀他人順天成

犧牲自我是佛成

成就他人萬世名

禁煙

勸君且莫把煙吸
不受危害有幾稀
耗財污染傷身體
常近自然踏青去

勸君且莫把煙吸
不受危害有幾稀
耗財污染傷身體
常近自然踏青去

鍾友聯教授禪詩　陳秋宗書

第二章　一把尺

書法　呂光浯大師

向錢看

救人放兩邊
利字擺中間
凡事向錢看
非佛非神仙

一把尺

我有一把尺
佛魔辨不跎
正氣不凌遲
諸惡我不齒

審辨

未法混沌時
安能辨雄雌
邪道擅妖詞
審辨一把尺

天使

善惡一把尺
濟苦不能遲
行善若及時
快樂一天使

佛與魔

佛魔不難辨
救苦必搶先
絕無定價錢
是佛是神仙

救苦

自誇己是佛
即落入邪魔
救苦泯人我
功德賽佛陀

墮落

凡聖居兩邊
名利放中間
要名又要錢
墮落難升天

菩提心

佛魔隔一線
菩提心示現
一心眾生念
救苦不設限

商業化

宗教商業化
詐財有計劃
講述皆八卦
生靈全染煞

名利

名利一把尺
佛魔爭在此
明眼一見知
眾生却愚癡

第三章 看破

書法 許明山大師

看破

看破凡情皆是假
遠離邪魔不亂抓
心無邪念走天涯
頂天立地天地大

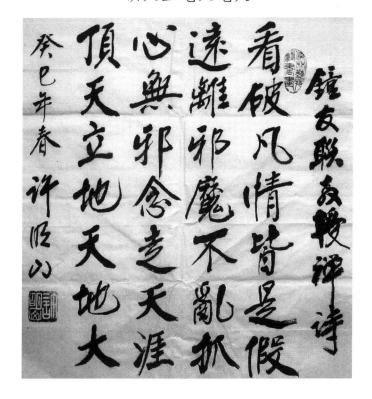

鏡花水月

大千世界鏡中影
鏡花水月世人憑
捕風捉影陷苦情
不知回頭走梵行

清靜寂滅

塵海無情早回頭
百代風光難樂活
放下身心無人我
清靜寂滅到佛國

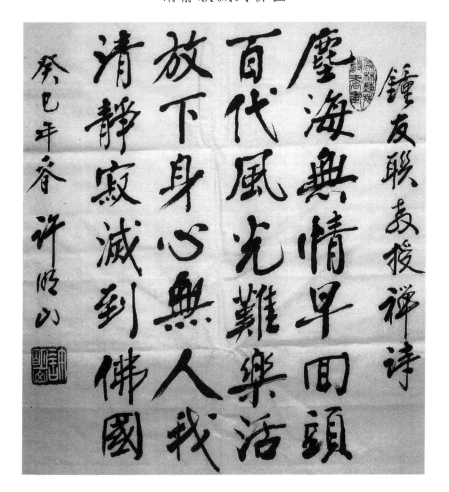

放下身心

苦心一意勤探索
一念淨心阿彌陀
放下身心見真我
歡天喜地敲鼓鑼

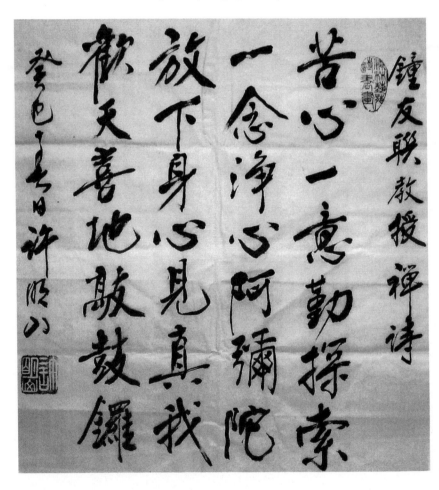

不執不著

不執不著又不染
一片冰心常入禪
無心無我愛空談
笑我痴呆又身懶

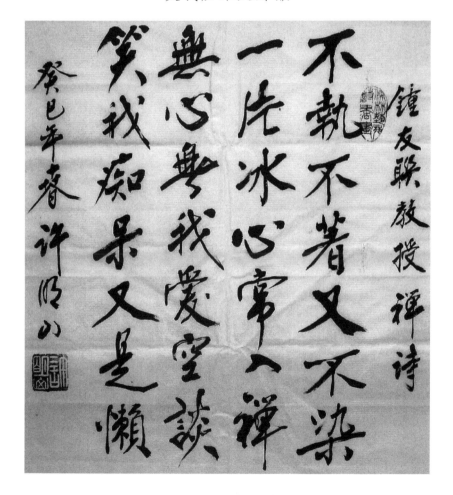

夢醒

執幻為真夢中人
未能見法苦海沈
鏡花水月怎是真
夢醒才知入魔深

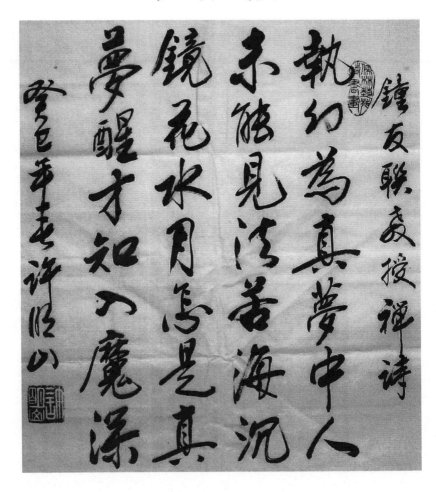

撥雲見日

吾心是佛不用疑
萬象具足何須提
撥雲見日見須彌
世人常被外相迷

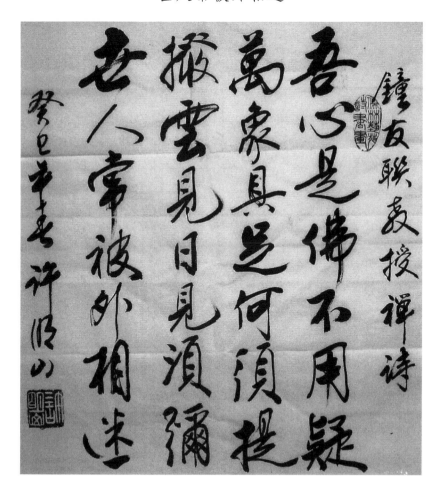

活在當下

明明白白常內觀
清清楚楚起心念
活在當下何須騙
不棄不捨不留戀

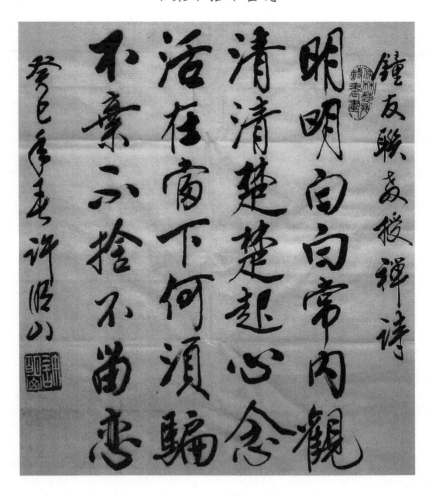

不知足

曾愛搜藏逛四處
永無止境不知足
雅石文物堆滿屋
全是累人身外物

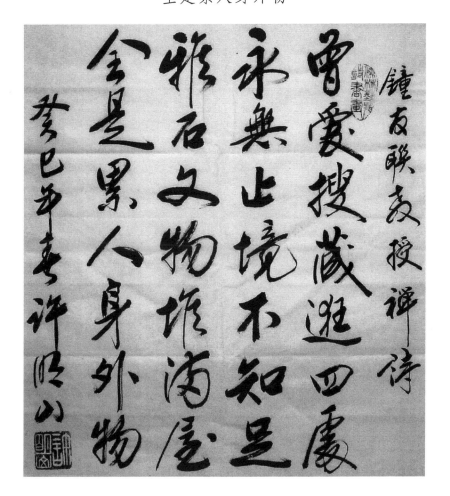

尋寶庫

金銀財寶身外物
榮華富貴浮雲霧
菩提道上尋寶庫
身家性命當下悟

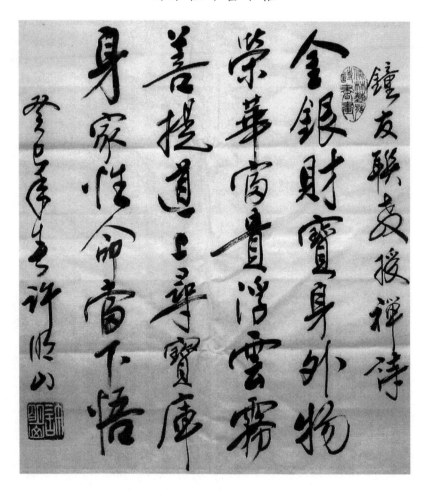

第四章　見精彩

書法　余祥敦大師

見精彩

心中無塵埃
愁緒無處擺
快樂自然來
生命見精彩

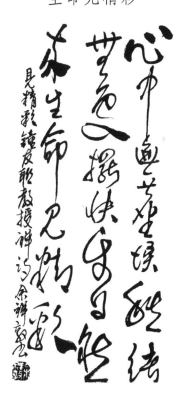

失主宰

心中多塵埃
煩憂掛念擺
魂魄失主宰
快樂不起來

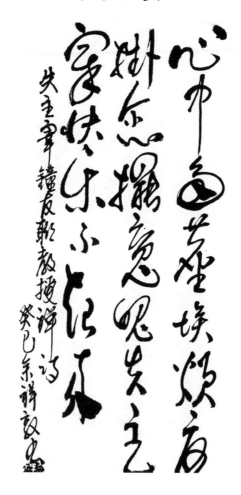

雅士

雅士不寂寞
心靈常交錯
知音全網羅
活泉非寥落

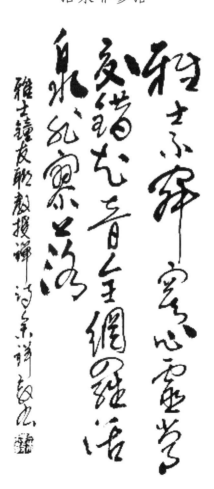

觀心

雅士愛獨行
岩壁下品茗
觀心且自省
動念即現形

無語

獨釣溪邊影
無語觀波興
專注似修行
悠悠雅士情

聞道

明鏡是台亦非台
五蘊皆空悟出來
究竟無處惹塵埃
智者聞道笑開懷

純眞

童言童語傳天機
純真無邪得真趣
簡單無華筆直去
彎彎曲曲無饒益

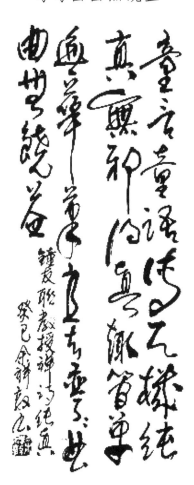

舞台

花置錯位失光彩
人得其位盡其才
未遇伯樂志難伸
若失其位失舞台

盡心能

天生我材必有用
潛能開發盡心能
揭盡所能努力動
各盡其材走一程

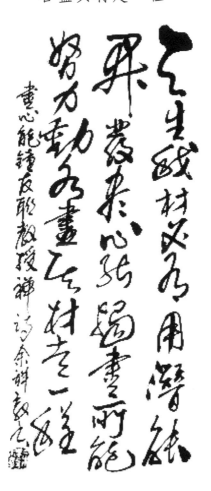

勤耕耘

披星戴月勤耕耘
摩頂放踵忘晨昏
忍辱負重直到今
開創新局一條心

第五章 忘字訣

書法 劉嘉明大師

忘字訣

千金難買忘字訣
快樂人生這兒學
是非毀譽似塵飛
掃淨心地不留灰

鐘友聯 教授 禪詩 劉嘉明 書

忘言

青山無語水爭流
石上蜻蜓駐足久
萬象不理您和我
互不關心存在否

鐘友聯教授禪詩　劉嘉明書

忘塵

笑看人生忙裡過
無常迅速何處躲
大夢一醒天地濶
芥子須彌心中坐

鐘友聯　教授　禪詩　胡嘉明　書

忘憂

有山有水心靈富
無恚無求懂知足
笑傲紅塵掃三毒
日日有詩天下獨

有山有水心靈富
無恚無求懂知足
笑傲紅塵掃三毒
日日有詩天下獨

鐘友聯教授禪詩　劉嘉明書

能忘是福

得失寵辱似浮雲
忘憂忘愁忘掉恨
能忘是福一身輕
直豎橫逆皆能順

鐘友聯教授禪詩

劉嘉明書

得失寵辱似浮雲

忘憂忘愁忘掉恨

能忘是福一身輕

直豎橫逆皆能順

韶光

韶光易逝人易老
才見櫻紅滿天招
已是桐花漫地飄
欲肥芭蕉肥速澆

鐘友聯 教授 禪詩

劉嘉明 書

坐忘

連日雨瀟瀟
庭前風飄飄
不見紅花嬌
坐忘將身拋

鐘友聯　教授　禪詩

劉嘉明　書

人人愛

青春難常在
世人歎無奈
笑口若常開
人見人人愛

鐘友聯教授禪詩　劉嘉明書

青春難常在
世人歎無奈
笑口若常開
人見人人愛

名利

名利追追追
一生伴相隨
到頭煙花墜
莫把初心催

鐘友聯 教授 禪詩　劉嘉明 書

天疼惜

一生成就有高低
各自努力不相比
不問命運問自己
知足感恩天疼惜

鐘友聯教授禪詩　劉嘉明書

一生成就有高低
各自努力不相比
不問命運問自己
知足感恩天疼惜

第六章　心田

書法　黃明珠大師

勤耕

心田勤耕般若增
不染不著智慧生
煩惱除盡靈性升
明心見性不為僧

貪瞋痴

心田不耕煩惱生
貪瞋痴慢疑浮升
四大八苦一齊跟
當下斬斷福臨登

心田不耕煩惱生貪
瞋痴慢疑浮升四
八苦一齊跟當六新
斷福臨登
鍾友聯教授禪詩
黃明珠書

三塗苦

心田不耕福田蕪
七情六欲忙作主
五濁六境連三毒
難脫煩惱三塗苦

靜心淡泊

不用鋤犁耕心田
靜心淡泊不多言
三省吾身律己嚴
人道天道皆圓滿

務本

詩禮傳家求務本
本立道生守方寸
不淫不屈唯道問
紅塵是非不入門

心離塵

未著袈裟心離塵
豪門權貴尋無門
不是方外住山林
半僧半俗一真人

耕心田

從小立志學聖賢
灑掃應對耕心田
七情六欲日漸遠
牟尼明珠將現前

眞修行

舌識五味真是靈
口說耳聞道分明
行住坐臥不忘形
心行相依真修行

不迷情

眼耳鼻舌不迷情
語默動靜分秒醒
行住坐臥動靜中
不偏不倚真修行

認真生活

步步踏實不踩空
粒粒細嚼珍惜情
語默動靜了分明
認真生活真修行

鍾友聯教授禪詩　認真生活　黃明珠書

第七章　哈哈笑

書法　王鈺嘉大師

哈哈笑

滿袋煩惱掉
常保靈活跳
自在常哈笑
幸福不退票

養生主

國人愛進補
藥酒裝滿櫥
不知心靈富
才是養生主

國人愛進補
藥酒裝滿櫥
不知心靈富
才是養生主

鐘吉聯教授禪詩
里竹書

春風

人在春風中
笑看百花紅
蝶舞採蜜蜂
不理愚痴翁

深耕

歲月有眼睛
處處跟著盯
百變不離身
努力快深耕

歲月有眼睛
處處跟著盯
百變不離身
努力快深耕

鐘鳴瞬教授撣詩
里竹口口

搶先

行行出狀元
產業拼賺錢
搶在時代先
獲利必非凡

不從俗

竹解虛心是我師
迎風搖曳啓靈思
低頭挺拔不從俗
無心有節又無私

虛心

何以無竹令人俗
柔軟有節不隨污
竹高中空表虛心
高風勁節人人圖

勁節高風

勁節高風常自期
亘古常新不變意
疾風勁節一生宜
清白持世高風依

三大笑

傻傻呼呼睡大覺
四處跑跑又跳跳
藍綠菊黃不計較
開開心心三大笑

傻傻呼呼睡大覺
四處跑跑又跳跳
藍綠橘黃不計較
開開心心三大笑

鍾友聯教授撰詩
里斯畫

四大笑

一笑不必伸手要
二笑能走能跑跳
三笑自在喜玩票
四笑天天有詩妙

四大笑

一笑不必伸手要

二笑能走能跑跳

三嘆自在喜玩票

四嘆天天有詩妙

鐘吾聯教授禪詩
星竹書

第八章 得失

書法 石博進大師

得失

百業勤為功
得失方寸中
毀謗加譏評
公門好修行

百業勤為功 得失方
寸中毀謗加譏評 公
門好修行

鐘友聯教授禪詩
筆題 石博進受命

提放

該提擔當起
修身與家齊
該放放得下
財寶永不迷

提放

該提擔當起修身與
家齊該放放得下財
寶永不迷
鍾友聯教授禪詩
筌碧厂石憎進受命

少計算

人命呼吸間
一息不能斷
平日少計算
老天長壽換

少計算
人命呼吸間 一息不能
斷 平日少計算 老天
長壽換
鍾友聯教授禪詩
笙嚮廠石博進受命

末世

一覺醒過來
世界都還在
一切如常態
末世難信賴

末世

一覺醒過來世界都
還在一切如常態末
世難信賴
鍾友聯敬授禪詩
筌碧广不惜進受命

活泉

潛能具隨身
開發得道尊
功力累積深
活泉就該噴

潛能具隨身開發

得道尊功力累積深

活泉就該噴

鍾友聰教授禪詩

筌碧廠石博進受命

不對時

氣候詭譎變
不是你我願
寒暑不對時
植物也錯亂

不對時
氣候詭譎變 不是你
我願 寒暑 不對時
植物也錯亂
鐘友聰教授
笙璱厂石惰進受命

狂人

螳臂欲擋車
隻手撐天河
狂人痴語樂
群星笑呵呵

狂人
螳臂欲擋車隻手撐
天河狂人痴語樂群
星笑呵呵
鍾友聯教授禪詩
笙㼟厂不惜進受命

異類不比

物物本不同
相較真不公
無翅就難飛
異類豈能懂

異類不比

物物本不同相較真

不公無翅就難飛

異類豈能懂

鍾友聯教授禪詩

笙碧厂石惕進受命

心法

自然傳心法
繁花來作嫁
悟得生態因
萬物皆不假

心法
自然傳心法　繁花來
作嫁悟得生態因萬
物皆不假
鍾友聰教授禊詩
笙碧廿 石博進受命

柔克剛

能曲又能展
其性也澹然
默默直行去
克剛唯柔軟

柔克剛

能曲又能展其性也

澹然默默直行去

克剛唯柔軟

鐘友聯教授禪詩

筆碩广石僧進受命

第九章　世道

書法　黃顯輝大師

心地純

舌燦蓮花難盡信
五花八門各自尊
紅塵萬般皆是渾
難覓清流心地純

世道

世道路遙獨自去
難覓知己吹同曲
自吹自彈少人理
低眉喃喃與誰語

當下醒

善善惡惡何為憑
恩恩怨怨當下醒
功功過過任天聽
加加減減細分明

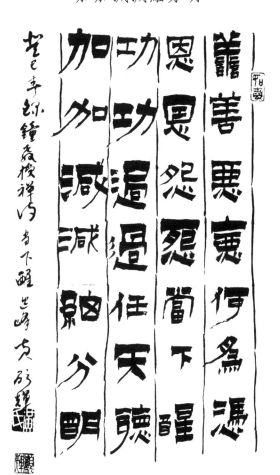

相遇

世道處處有驚奇
有緣自會偶相遇
覓得知音常相憶
初一十五把情寄

挽狂瀾

天主仔細聽我言
物欲橫流靈塗炭
詩書禮樂斯文殘
虔誠祈禱挽狂瀾

金銀財寶

金銀財寶一籮筐
紅男綠女老少狂
古今中外誰能忘
方外僧尼同樣想

人生道路

人生道路難免錯
血氣方剛常闖禍
內觀自省可免過
親近道門有收獲

誰管事

只管靜坐不管事
晨曦一幌日頭赤
稀罕美味禪為食
遑遑終日難為志

各順勢

法界繽紛誰管事
紅橙黃綠藍靛紫
因緣聚合各順勢
春去秋來全在此

誰是誰

一覺醒來幾成鬼
渾然不知誰是誰
空喜一番天堂墜
烏髮蓋頂喚不回

第十章　禪餘

書法　張連香大師

禪餘

靜中闡八識
了了分明知
恍若裝腔勢
禪餘無多事

凡夫

萬般無力呼
獨行不覺孤
禪餘一凡夫
人笑大笨猪

行禪

禪餘張口吃
一日盡無事
行禪少人知
心事人不識

法界

飯來張口食
禪餘需藥石
風起雲湧時
法界當下拾

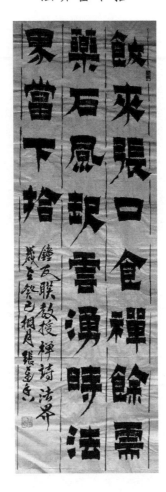

禪相

雙腿跏趺坐
閉目思己過
行事學佛陀
在世一達摩

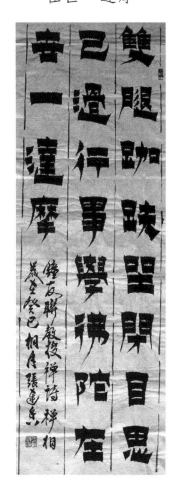

太著相

一幅老僧入定狀
達摩面壁一般樣
凡夫俗子太著相
貽笑大方宜少裝

心窗一開

兩眼一閉萬緣息
雙腿一盤雜事離
心窗一開別天地
動靜一如歸禪寂

門外望

諸君笑我太著相
何必如此裝模樣
磨磚成鏡兩鬢霜
徒耗光陰門外望

一心不亂

靜坐澄心萬緣放
行住坐臥心不盪
如如不動時坐忘
一心不亂通禪相

閉目養神

閉目養神心地清
不聞不問亦不聽
培元固本最宜靜
養精蓄銳入禪定

第十一章　把握當下

書法　陳昆益大師

把握當下

擁有唯當下
瞬間轉成假
念念皆分明
精進走天涯

把握當下

擁有唯當下

瞬間轉成假

念：皆分明

精進走天涯

鐘友聯教授禪語

癸巳之春　陳昆益

把握

把握當下行
無輸也無贏
角色各不同
難分勝與負

癸巳之春　陳昆益
鐘文聯教授禪詩
難分勝與負
角色各不同
無輸也無贏
把握當下行

當下握

紅顏怕運磨
青春怎堪蹉
花豔終須凋
唯有當下握

癸巳之春 陳昆益 鐘友聯教授禪詩

當下握
紅顏怕運磨
青春怎堪蹉
花豔終須凋
唯有當下握

不可得

未來不可得
如今當如何
剎那成過去
當下把酒歌

不可得

未來不可得
如今當如何
新禑成過去
當下把酒觀

鐘友聯教授禪詩

癸巳年　陳昆益

珍惜

別說萬事假
美艷繁華詐
誘人在瞬間
珍惜在當下

別說萬事假
美艷繁華詐
誘人在瞬間
珍惜在當下
鐘友聯教授禪詩
癸巳年 陳昆益

剎那

無始亦無終
剎那即永恆
當下要把握
三千一念空

剎那

無始亦無終
剎那即永恆
當下要把握
三千一念空

鐘文聯教授禪詩

癸巳之春　陳昆益

莫錯過

當下要把握
千萬莫錯過
日子再美麗
等待難斬獲

一團迷

人生一團迷
生死了悟稀
迷悟隨他去
唯有當下依

人生一團迷
生死了悟稀
迷悟隨他去
唯有當下依

鍾安醉教授禪詩

癸巳之春 陳昆盪

唯一

萬法若歸一
生命有皈依
歸元有多途
當下是唯一

萬法若歸一
生命有皈依
歸元有多途
當下是唯一

鐘友聯教授禪詩
癸巳之春　陳昆益

點滴

日子匆忙過
當下要把握
點滴在心頭
誠心有收獲

點滴

日子匆忙過

當下要把握

點滴在心頭

誠心有收獲

鐘友聯教授禪詩

癸巳之春　陳昆益

第十二章　人間

書法　陳治忠大師

人間

散步攜老婆
從來不帶狗
美景賞不完
何故盡裝猴

鐘友聯教授 人間 北芊書

護一生

不悔平凡志
不忌動作遲
不忘護一生
不嫌老來痴

不悔平凡志
不忌動作遲
不忘護一生
不嫌老來痴

鍾友聯教授禪詩 北芋書

牽手情

老婆老公疼
老公老婆寵
相互護一生
牽手情意濃

鐘友聯教授禪詩　北芊書

老婆老公疼
老公老婆寵
相互護一生
牽手情意濃

伴相隨

人間走一回
日夜伴相隨
牽手護一生
老來相依偎

鍾友聯 伴相隨 北芉書

不輕鬆

事業能成功
妻子背後拱
孩子不變壞
為母不輕鬆

鐘友聯　不輕鬆　北羊書

事業能成功

妻子背後拱

孩子不變壞

為母不輕鬆

鋤心田

曾經英挺美少年
訪道尋仙不辭遠
一心嚮往耕田園
如今以筆鋤心田

曾經英挺美少年訪
道尋仙不辭遠一心
嚮往耕田園如今以
筆鋤心田

鐘友聯 鋤心田
癸巳年春月北羊書

自由行

斗米折腰憤不平
怎為塵勞污心靈
遊走山林自由行
勝過廟堂勞身形

斗米折腰憤不平怎
為塵勞污心靈遊走
山林自由行勝過廟
堂勞身形

鐘友聯教授禪詩
癸巳年杏月北芋書

卸下鐵肩

粉筆生涯佇半生
傳承道統講心聲
一入山林便不同
卸下鐵肩多輕鬆

粉筆生涯佇半生傳
承道統講心聲一入
山林便不同卸下鐵
肩多輕鬆

鐘友聯 卸下鐵肩
癸巳年 北羊書

小小鳥

我願是隻小小鳥
自由自在天上翱
不須高鐵捷運跑
身無長物樂逍遙

我願是隻小小鳥自
由自在天上翱不須
高鐵捷運跑身無長
物樂逍遙　鐘友聯　小小鳥
癸巳年春月北芋書

我願

文以載道無深淺
以詩渡人有微言
如是精進大義顯
共證菩提是我願

文以載道無深淺以
詩渡人有微言如是
精進大義顯共證菩
提是我願

鐘友聯教授禪詩
癸巳年杏月北芋書

第十三章　人生不可一場空

書法　張師從

千秋志業

人生不可一場空
立德立言勤立功
千秋志業一脈通
一步一印不得鬆

千秋志業

人生不可一場空
立德立言勤立功
千秋志業一脈通
一步一印不得鬆

鐘友聯教授禪詩

一場空

榮華富貴一步登
錦衣玉食一併擁
妻財子祿一路紅
撒手歸去一場空

一場空

榮華富貴一步登
錦衣玉食一併擁
妻財子祿一路紅
撒手西歸一場空

續友聯教授禪詩
狂書

人生

人生不可一場空
三教九流兼旁通
天文地理亦略懂
五湖四海現遊踪

鐘友聯教授禪詩

人生不可一場空

三教九流兼旁通

天文地理亦略懂

五湖四海現遊踪

把握當下

人生不可一場空
醉生夢死困愁城
消極逃避憂患生
把握當下向前迎

把握當下

人生不可一場空

醉生夢死困愁城

消極逃避憂患生

把握當下向前迎

鐘友聯教授禪詩　狂生

舞春風

笑看蒼生舞春風
不息活泉湧心中
代代相承一條龍
人生怎可一場空

笑看蒼生舞春風
不息活泉湧心中
代代相承一條龍
人生怎可一場空

舞春風

鐘友聯教授禪詩　拙書

努力攻

人生不可樣樣空
腳踏實地努力攻
條條道路皆可通
痴心妄想會發瘋

努力攻

人生不可樣樣空

腳踏實地努力攻

條條道路皆可通

痴心妄想會發瘋

鐘友聯教授禪詩　雅玉

勤做工

人生怎可樣樣空
吃喝玩樂輕輕鬆
承先啟後效冬烘
天生我才勤做工

鍾友聯教授禪詩　勤做工

天生我才勤做工
承先啟後效冬烘
吃喝玩樂輕輕鬆
人生怎可樣樣空

心動

天生我才必有用
美夢成真最心動
人生方向我掌控
繁花盛開全奉送

天生我才必有用
美夢成真最心動
人生方向我掌握
繁花盛開全奉送

鐘友聯教授禪詩 狂書

煩惱消

風風雨雨一路飄
勞勞碌碌心頭焦
躲躲藏藏盡管拋
吃吃喝喝煩惱消

風風雨雨一路飄
勞勞碌碌心頭焦
躲躲藏藏盡管拋
吃吃喝喝煩惱消

煩惱消

鐘友聯教授禪詩　張書

心地純

有緣成為一家人
平平安安享天倫
個個善良心地純
一步一印勤耕耘

心地純

有緣成為一家人

平平安安享天倫

個個善良心地純

一步一印勤耕耘

鐘文聯教授禪詩　狂生

第十四章　心不盲

書法　林原大師

心不盲

晨昏旦夕忙
駐足停歇茫
身忙心不盲
當下不徬徨

不離禪

童真不離禪
興來就得演
大地盡舞台
角色自己選

童眞

童 真 不 離 禪
語 默 皆 自 然
直 心 入 道 壇
尋 天 機 不 難

直心

童真擁笑臉
直心道不遠
莫譏荒唐言
談笑盡是禪

就是禪

筆尖心曲彈
滿紙荒唐言
風馬牛齊轉
道得就是禪

心曲彈

在塵出塵順自然
風雨雷電何須閃
煮字飲詩心曲彈
筆歌墨舞盡是禪

盡是禪

生態觀察愛養蠶
入夏滿山聽鳴蟬
客來山屋狂笑談
舞黑弄白盡是禪

誰是誰

是非全在一張嘴
多事只因人做鬼
千言萬語此中推
不再忘了誰是誰

福報天賜

心存忠厚不算計
憨人憨福憨財氣
非分之想莫求取
福報天賜不容疑

盲目

隨波逐流盲目追
橫衝直撞頭不回
粉身碎骨幾人悔
窮途末路夢全碎

第十五章　天在看

書法　何正一大師

天在看

知天崇尚儉
法天須從簡
逆天行道難
老天全在看

公道

公道存人心
悖理行不通
天道與人親
逆天事難成

公道存人心
悖理行不通
天道與人親
逆天事難成

鐘友聯教授禪詩

慎獨

天下無漢夷
暗室人不欺
慎獨永無敵
老天看眼底

慎獨

天下無漢夷
暗室人不欺
慎獨永無敵
老天看眼底

錦友聯敬授禪詩

火大一族

樣樣看不慣
事事都覺濫
怨氣結成串
徒增一場亂

搗蛋

雞蛋胡亂丟
暴殄天物羞
濟貧功德有
搗蛋天不祐

自立自強

火大一族上街頭
樣樣不滿天天求
自立自強勤埋首
三餐溫飽一定有

自立自強

火大一族上街頭
樣樣不滿天天求
自立自強勤埋首
三餐溫飽一定有

鍾玄勝教授禪詩

天理

逆悖人倫天理傷
殺盜淫妄病心狂
終墮輪迴惡道張
披毛帶角失人相

好心情

人事更迭很常見
世事如幻常多變
最喜永保好心情
平安喜樂到處現

讀書樂

讀書之樂樂何如
明辨是非不糊塗
增廣見聞辨世途
紅塵障眼亦不誤

看際遇

無願不成非虛語
有得有失是天理
盡己本事多參與
至於成敗看際遇

看際遇

無願不成非虛語

有得有失是天理

盡己本事多參與

至於成敗看際遇

鐘友聯教授禪詩

第十六章　心法

書法　吳文心大師

心法

日落月升不等人
鳥叫虫鳴靜心聞
花開引蝶蜂競吻
風火雷電幻如雲

來去

如來如去本不來
無來無去最自在
有來有去也是該
求來求去是蠢才

空不了

佛說空理眾難曉
凡夫俗子深受擾
三毒五欲纏身繞
四大皆空空不了

空不了

佛說空理眾難曉凡夫
俗子深受擾三毒五欲
纏身繞四大皆空空
不了

鐘友聯教授撰

癸巳年詩中取字　文心書

觀自在

二六時中觀自在
夢幻泡影逐心宅
不忘時時拭明台
一心不亂見如來

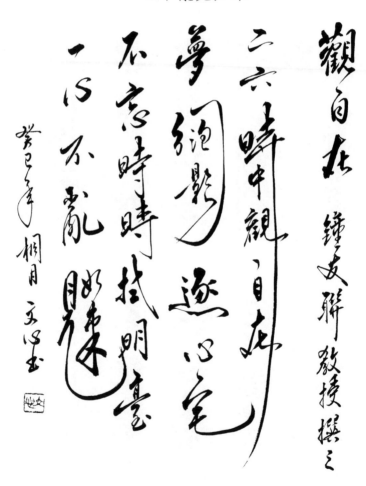

忐忑心

不安一顆忐忑心
將心拿來我秤斤
窗外閑月羞幾分
執幻為有太認真

行不偏

燈紅酒綠身心亂
拐彎抹角思緒竄
堂堂正正行不偏
寧靜淡泊可當仙

行不偏

燈紅酒綠身心亂
拐彎抹角思緒竄
堂堂正正行不偏
寧靜淡泊可當仙

鍾友聯教授撰
此文書之有味

浪子回頭

浪子回頭仙佛守
前塵往事說從頭
迷津己渡向前走
正道曲走無怨尤

浪頭

浪子回頭仙佛守

前塵往事說從頭

迷津己渡向前走

正道曲走無怨尤

鍾文辮教授撰

文心書之

天命不違

逆境轉念笑顏開
歡天喜地迎未來
善根福德心田栽
天命不違常自在

不管

不尋仙丹神不累
不著袈裟思緒飛
不進廟堂田野歸
不管人間是與非

無端愁

紅塵是非無端愁
原是無明上心頭
撥雲見日無緣由
痴心妄想本自囚

紅塵是非無端愁
原是無明上心頭
撥雲見日無緣由
痴心妄想本自囚

無端愁

鍾友聯敬援撰

癸巳季桐月　元盛書

第十七章　知易行難

書法　吳清華大師

知易行難

說說很容易
寫寫表心意
做到了不起
知易行難理

知易行難

說、很容易寫、表

心意做到了不起

知易行難理

鐘友聯教授禪詩

森呼吸

山林森呼吸
芬多精多奇
出汗益身體
百病皆遠離

山林森呼吸芬多
精多奇出汗益身
體百病皆遠離
鐘友聯教授禪詩

眞寶

養生宜趁早
莫待老才找
有益世道好
才是真國寶

真寶

養生宜趁早莫待

老才找有益世道

好才是真國寶

鐘友聯教授禪詩

拒毒

舒壓有多途
絕不能靠毒
上癮難戒除
誘惑勇敢堵

拒毒

舒壓有多途絕不

能靠毒上癮難戒

除誘惑勇敢堵

鐘友聯教授禪詩

抗誘引

交友宜戒慎
意志抗誘引
無知將毒飲
桎梏因上癮

抗誘引
交友宜戒慎意志
抗誘引無知將毒
飲桎梏因上癮
鐘友聯教授禪詩

毒毀一生

大麻嘛啡海洛英
K 他命迷魂要命
沾上毒品苦海掙
禍延親人毀一生

毒毀一生
大麻嘛啡海洛英以他
命迷魂要命沾上毒品
苦海掙禍延親友毀一生
鐘友聯教授禪詩

賭和毒

敗盡家產迷上賭
身心具毀沾染毒
禍害人生須根除
拒絕誘惑勇説不

賭與毒

敗盡家產迷上賭身心

具毀沾染毒禍害人生須

根除拒絕誘惑勇説不

鐘友聯教授譚清

惡鄰

若遇惡鄰等無差
忍他讓他不理他
切莫拿刀互砍殺
忍無可忍就搬家

都會鄰居

都會鄰居少往來
人際淡薄無信賴
鄉居人情味安在
閒話桑麻難期待

守望相助

遠親那有近鄰好
守望相助人稱寶
比鄰而居善緣到
相互珍惜有福報

守望相助

遠親那有近鄰好守望相
助人稱寶比鄰而居善緣
到相互珍惜有福報

鐘友聯教授禪詩

第十八章　離塵

書法　黃瑞銘大師

離塵

袈裟未上身
心已離塵深
悟得一心真
貪瞋痴不侵

袈裟未上身
心已離塵深
悟得一心真
貪瞋痴不侵

離　塵

靜友聯教授禪詩　黃瑞銘

糊塗過

糊塗過太多皮嘔
難得糊塗過
不必想太多
庶民顧肚皮
不再惹來嘔

難得糊塗過

不必想太多

庶民顧肚皮

不再惹來嘔

鐘友聯教授禪詩　黃瑞銘書

大愛

大愛絕情愛
己黑怎染黑
世間糊塗過
不知哀與悲

大愛絕情愛
己黑怎染黑
世間糊塗過
不知哀與悲

讀友聯教授禪詩　黃瑞銘書

一口飯

若為一口飯
氣死英雄漢
錢果真難賺
人間煙火斷

若為一口飯
氣死英雄漢
錢果真難賺
人間煙火斷

鐘友聯教授禪詩 黃瑞銘書

一家親

天涯若比鄰
世界一家親
同是地球村
怎有敵我心

天涯若比鄰
世界一家親
同是地球村
怎有敵我心

鐘友聯教授禪詩

黃瑞銘

心安

問我何事最寶貴
吃喝嫖賭全不會
白日吟詩忙做對
夜來讓我好好睡

鐘友聯教授禪詩 黃瑞銘

眞智慧

老來才知啥寶貴
齒搖目茫骨頭脆
難走難笑也難睡
懂得養生真智慧

鐘友聯教授禪洞　黃瑞銘書

懂得養生真智慧

難走難笑也難睡

齒搖目茫骨頭脆

老來才知啥寶貴

真智慧

啥寶貴

財色名食人人追
年老色衰魅力退
身外之物煩心累
能走能動稱寶貴

啥寶貴

財色名食人人追

年老色衰魅力退

身外之物煩心累

能走能動稱寶貴

鐘友聯教授禪詩 黃瑞銘書

無事

心中無事一身輕
最怕煩惱心頭驚
羨慕赤子不著空
萬物不留明鏡中

心中無事一身輕
最怕煩惱心頭驚
羨慕赤子不著空
萬物不留明鏡中

鐘友聯教授禪語 黃瑞銘書

有無

有眼無珠不認識
有口無心少自知
有才無德難濟世
有勇無謀恐礙事

有眼無珠不相識
有口無心少自知
有才無德難濟世
有勇無謀恐礙事

有無

鐘友聯教授禪詩　黃瑞銘書

第十九章　無字歌

書法　陳志宏大師

無求

無求奈我何
無缺自得樂
無品難立足
無貪盡可捨

無事

無事掛心頭
無煩心不愁
無怨快樂有
無病活得久

無心

無事一身輕
無心插柳興
無聊數星星
無聲禪中聽

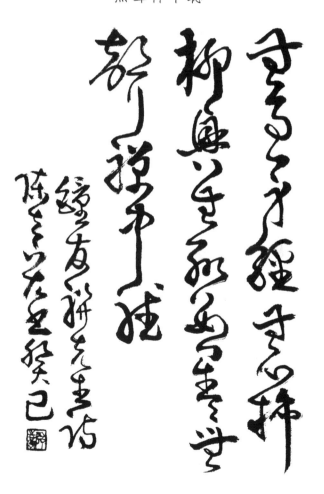

無話

無話不可説
無花不飄落
無人不犯錯
無路不阡陌

無爲

無為無不為
無事少多嘴
無苦不悶酒
無故人難醉

無情

無愛不相隨
無情逝如水
無醉不想歸
無緣遭狗吠

無煩

無酒很難醉
無茶要開水
無米怎能炊
無煩好入睡

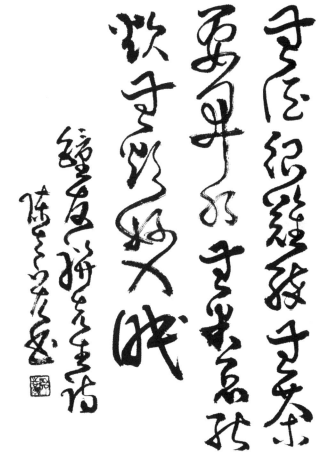

無德

無財人不偷
無才枯腸搜
無能無成就
無德難不朽

無常

無為無學無不捨
無修無證無所得
無貪無痴無瞋恚
無常無我無不可

無名

無名無利無歡欣
無得無失無驕矜
無生無滅無古今
無怨無悔無瞋心

第二十章　日日好日

書法　游善富大師

日日好日

屋外有青山
心中藏詩卷
俗累離我遠
無事正好眠

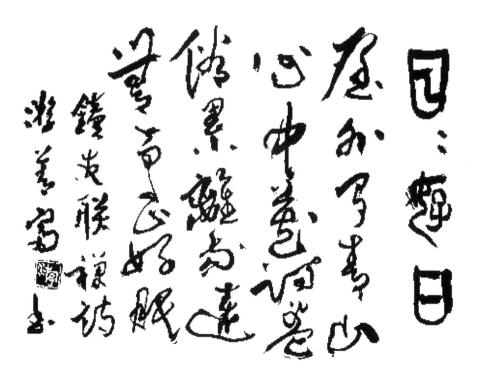

因果

心中有因果
精進不蹉跎
浮生減少過
成佛有把握

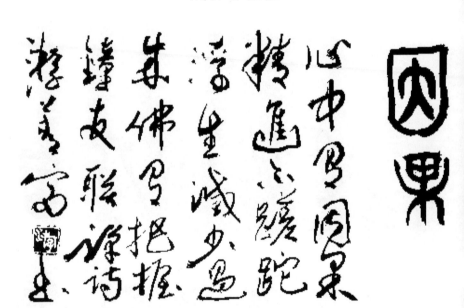

養生

養生擺第一
瘦肉精起疑
起雲塑化劑
避之恐不及

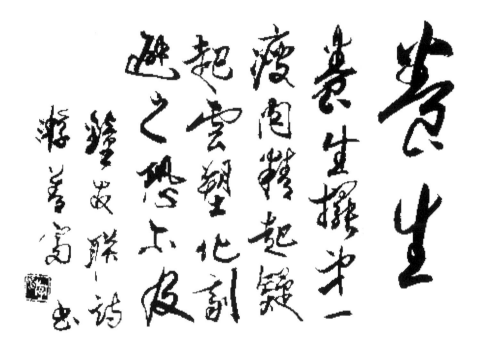

尊嚴在

人生不滿百
凡夫但求財
不知體康泰
才有尊嚴在

好心情

耳根常清靜
八卦不愛聽
睡到自然醒
天天好心情

不信喚不回

酒色財氣全不追
登山健行身材魁
開心不煩吃淡味
不信青春喚不回

不信喚不回
酒色財氣全
不追登山健行
身材魁開心
不煩吃淡味不
信青春喚不回
清良臔 禪話
書

當下寶貴

走過千山才知味
失去童真頭臉灰
花開花謝不用追
只有當下最寶貴

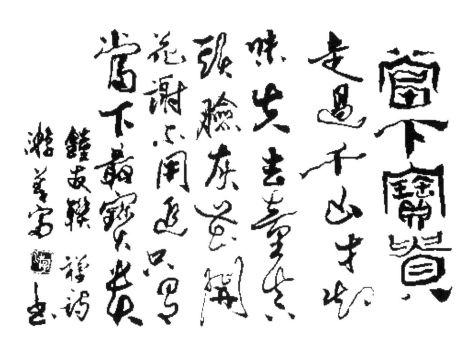

世事如幻

匆匆人生一甲子
戰戰兢兢不造次
凡是走過必留跡
空留回憶又何指

不求十全

抱殘守缺境界高
不求十全心地好
自滿自溢實難逃
亢龍有悔自煎熬

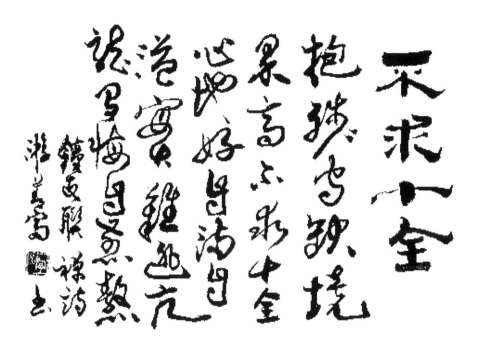

永不放棄

一息尚存握生機
永不放棄無人替
生命寶貴有天地
望見世界多美麗

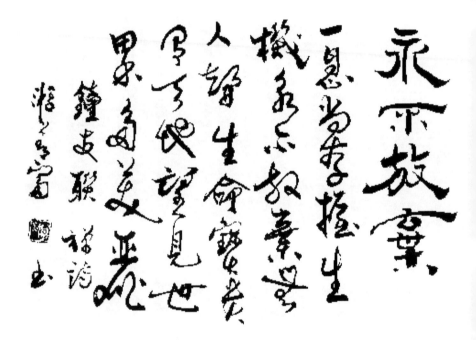

第二十一章　放逐翁

書法　蔡耀庭大師

放逐翁

我是紅塵放逐翁
社交應酬難跟從
曾是士林一條龍
墮落山中變成蟲

天地寵

源茂山下放逐翁
日用筆鋤必耕躬
竟日無語天地寵
晨昏往來盡鳥蟲

源茂山下放逐翁
日用筆鋤必耕躬
竟日無語天地寵
晨昏往來盡鳥蟲

鐘友聯天地寵詩

癸巳春 蔡櫻庭書

似野童

家在雲端放逐翁
雲天草堂迎東風
捧雲攬霧似野童
百無禁忌掛心中

家在雲端放逐翁

雲天草堂迎東風

捧雲攬霧似野童

百無禁忌掛心頭

鐘友聯似野童

癸巳蔡耀庭

無人熟識

避世放逐一老翁
斗笠雨鞋走山中
靜臥石上水流東
無人熟識最輕鬆

避世放逐一老翁
斗笠雨鞋走山中
靜臥石上水流東
無人熟識最輕鬆

鐘友聯無人熟識

癸巳春　蔡耀庭

避親無友

避親無友放逐翁
獨與天地往來中
雖然不識曾相逢
鴻飛沙鷗誘心崇

鐘友聯避親無友

癸巳春蔡耀庭

獨自行

自我放逐一老翁
迎風高飛一鳶鷹
都市紅塵無影踪
山林野地獨自行

鐘友聯 獨自行

癸巳蔡煇庭

難捨能捨

財色名利及食睡
榮華富貴全不迫
難捨能捨不迷醉
快樂人生走一回

財色名利及食睡

榮華富貴全不迫

難捨能捨不迷醉

快樂人生走一回

鐘友聯難捨能捨

癸巳　蔡耀庭

放下歸零

汲汲營營難放鬆
榮華富貴轉眼空
人到無求心地清
放下歸零一身輕

汲汲營營難放鬆
榮華富貴轉眼空
人到無求心地清
放下歸零一身輕

鐘友聯 放下歸零

癸巳孟夏 蔡煌庭

得失

一聚一散兩依依
一得一失難看齊
一悲一喜非不異
一去一來如一體

一聚一散兩依依
一得一失難看齊
一悲一喜非不異
一去一來如一體

鐘友聯得失　癸巳蔡耀庭

粗茶淡飯

平平淡淡最輕鬆
只有當下在心中
粗茶淡飯滋味濃
一襲布衣似仙翁

平平淡淡最輕鬆
只有當下在心中
粗茶淡飯滋味濃
一襲布衣似仙翁

鐘友聯粗茶淡飯
癸巳蔡煇庭

第二十二章　心茫茫

書法　劉俊峰大師

我是誰

儒釋道耶回
五教終一歸
人生究神鬼
才知我是誰

緣聚緣散

有緣自相逢
無緣不跟從
緣聚萬事成
緣散好事甭

鐘友硯教授禪詩劉俊峰書

鬼神

鬼神有沒有
寧信不怪尤
古今感應多
逢災虔誠求

眾生

眾生心中苦
世道多險阻
願把妖魔除
還我清明主

眾生心中苦
世道多險阻
願我清明主

鐘友砥教授禪詩劉俊峯書

有爲法

一切有為法
終究全是假
顛倒夢想瞎
水月鏡中花

鐘友碩教授禪詩劉俊峰書

一切有為法

終究全是假

顛倒夢想瞎

水月鏡中花

神奇因緣

神奇因緣無法擋
聰明智慧難料想
天命難違須勇往
水到渠成力不枉

神奇因緣

神奇因緣無法擋

聰明智慧難料想

天命難違須勇往

水到渠成力不枉

鐘友硯教授禪詩到俊峯書

暗夜不欺

頭上三尺有神明
暗夜不欺常記銘
戰戰兢兢謹言行
造次不得常顯靈

造次不得常顯靈　戰戰兢兢謹言行　暗夜不欺常記銘　頭上三尺有神明

暗夜不欺

鐘友硯教授禪詩　劉俊峰書

學神力

人力未盡學神力
自不量力少正氣
倫理有缺天必棄
圓滿人道承天立

鐘友聯教授禪詩劉俊峯書

離邪魔

不貪不妄離邪魔
腳踏實地少折磨
裝神弄鬼難見佛
少談鬼神見真我

鐘友飲教授禪詩劉俊峰書

少談鬼神見真我

痕神弄鬼難見佛

腳踏實地少折磨

不貪不妄離邪魔

離邪魔

邪魔歪道

末法時代各爭鳴
眾說紛紜難辨明
邪魔歪道正盛行
芸芸眾生當清醒

鐘友砥教授禪詩劉俊峯書

第二十三章　活在當下

書法　陳泰安大師

活在當下

活在當下行
自在到天明
無怨也無悔
剎那變永恆

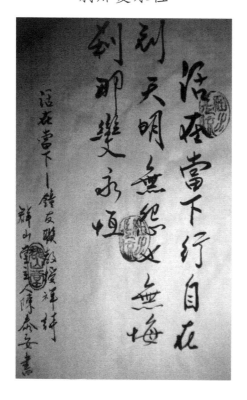

當下醒

活 在 當 下 醒
菩 薩 隨 身 行
知 足 又 知 恩
喜 樂 自 相 應

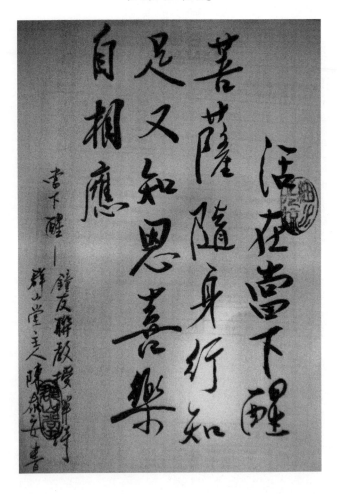

活當下

只要活當下
馬上見真假
日日是好日
奇妙心情佳

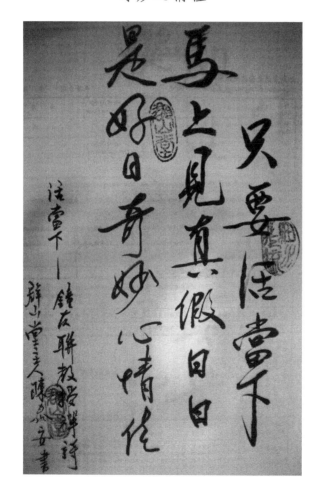

不蹉跎

美麗瞬間過
凡事宜把握
即時不蹉跎
一生可無禍

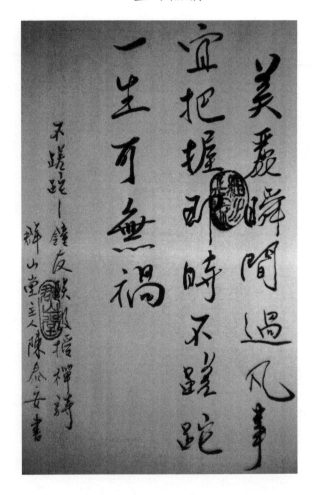

當下

打從門前過
歡迎進來坐
喜樂從天落
當下要把握

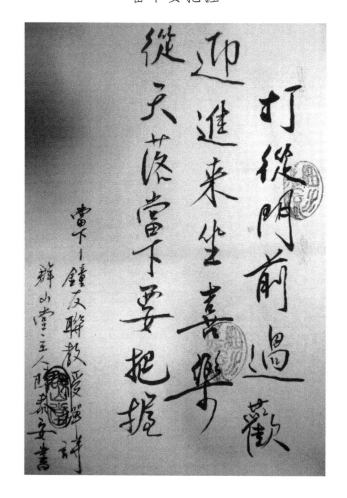

稍縱即逝

日子苦短難擁有
生命有限猜不透
唯有當下宜把握
稍縱即逝難蹉跎

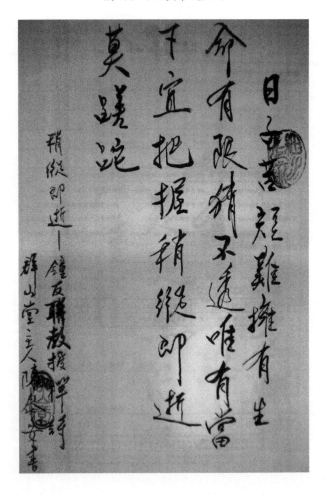

度重關

成住敗壞是必然
短暫擁有已算難
患得患失定徒然
活在當下度重關

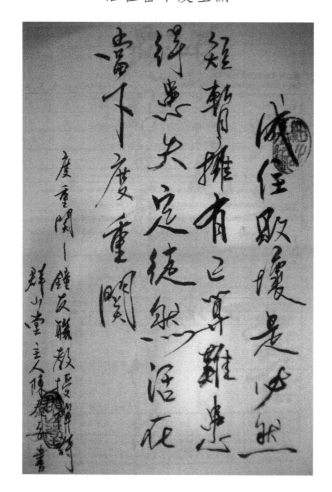

及時

天地啓示人不悟
自強不息不躭誤
活在當下在及時
片刻分秒莫輕忽

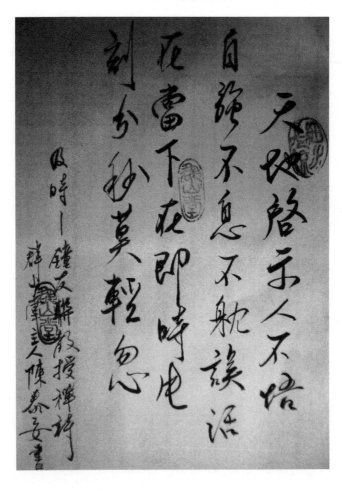

把握當下

高山流水喜相逢
林下水邊輕輕鬆
嘻嘻哈哈免用功
把握當下主人翁

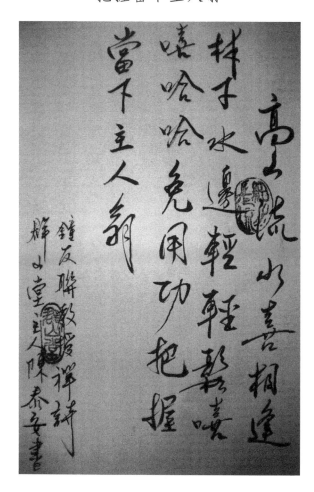

難捨能捨

曙光拂面不回頭
難捨能捨水漂流
川流入海霞滿天
活在當下莫回首

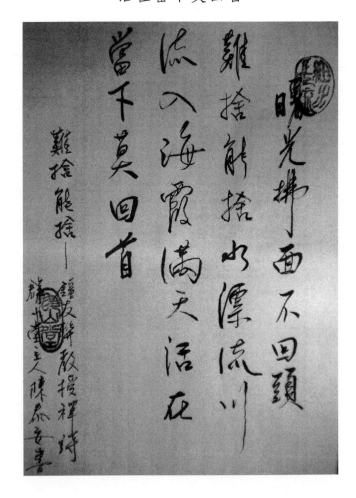

第二十四章　有法無法

書法　洪振明大師

觀自在

二六時中觀自在
不怕風雨太陽曬
魑魅魍魎全無害
太虛六合見如來

自性流露

有法無法皆是法
出俗不凡究竟雅
不矯不作成一家
自性流露韻味佳

韻味佳　片米一家自性流露　俗不凡究竟雅不矯不　有法無法皆是法

自性流露　洪振明書

眾妙門

有生於無眾妙門
悟入此竅可通神
有無皆捨成超人
玄之又玄天地魂

至寶

法界示現如至寶
普普通通識者少
日月星辰天地繞
唯賴悟者來開導

身外物

拋卻累人身外物
孑然一身啥也無
自由自在我最酷
覓得活泉心靈富

兩袖清風

身外逐物累人苦
筆墨生涯半肩書
兩袖清風無長物
樂得輕鬆掛礙除

兩袖清風　鍾友聯教授祥囑　洪振明書

來時路

天涯何處是歸岸
東風無助力枉然
回首淡淡來時路
不知何方可行禪

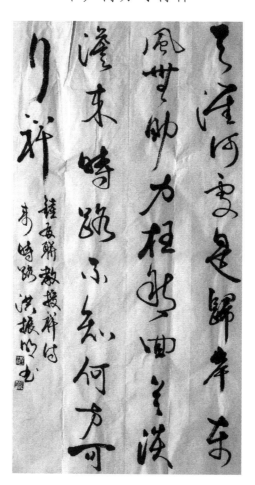

回首

各行各業有高手
好吃懶做沒搞頭
老夫已朽難回首
遊手好閒四處遊

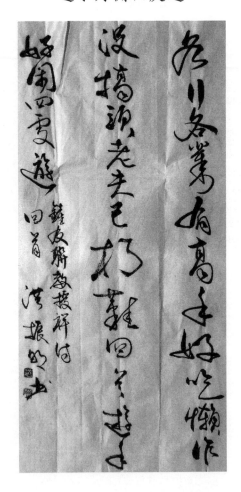

求神功

欲破極限學超能
沈迷神通求神功
真真假假講不通
徒耗半生一場空

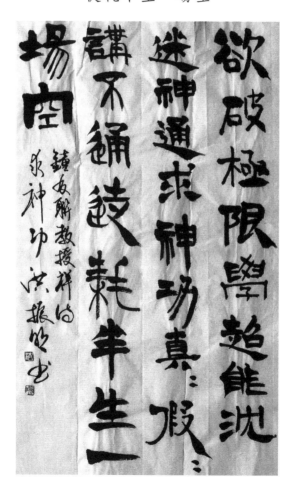

禍福自取

禍福自取莫怨尤
怨天怨地四處求
徒勞無功如自囚
不如精進發奮修

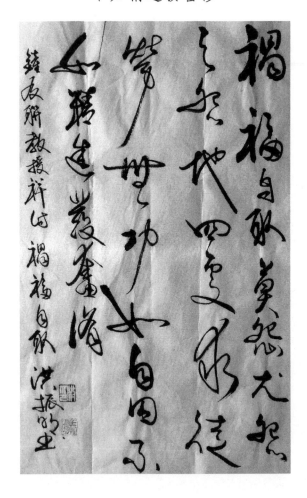

第二十五章　世情

書法　李甘池大師

世情

歲月漸漸老
報恩宜趁早
世情不難曉
相依唯妻小

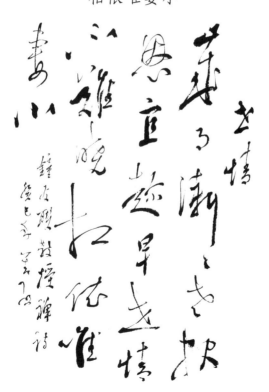

承擔

夫妻同屋簷
有難共承擔
苦樂同分享
點滴知酸甜

夫妻同屋簷有
難共承擔苦樂同
分享點滴知酸甜
二十三年歲次癸巳肖鵑
鍾友聯教授禪詩　筆硯

家

一路走到老
始知妻是寶
家非枷非牢
溫暖避風堡

變把戲

紅塵多有趣
看人變把戲
表白藏黑裡
識透人不理

變把戲

紅塵多有趣看人
變把戲表白藏黑
裡識透人不理

鍾友聯教授禪詩

癸巳夏仲善石錄

搬是非

紅塵玩出味
人愛搬是非
蠱惑白變黑
不理落塵灰

搬是非

紅塵玩出味　人愛搬

是非蠱惑白變黑

不理落塵灰

鐘云聯教授禪詩

癸巳仲夏　董石

恩愛夫妻

恩愛夫妻人人誇
走過坎坷同抗壓
相扶相持相牽掛
同心協力護顧家

恩愛夫妻

恩愛夫妻人人誇走過
坎坷同抗壓相扶相持
相牽掛同心協力護顧
家　鐘友聯教授禪詩

紅塵

花花世界樣樣有
五光十色一波波
眼耳鼻舌難抗誘
光怪陸離逐潮流

不染

紅塵不染心似佛
酒色財氣眼前過
波平無痕何必躲
復歸赤子一身裸

不染

紅塵不染心似佛酒
色財氣眼前過波平
無痕何必躲復歸
赤子一身裸

鐘友聯教授禪詩
癸巳吉峰村人書

做自己

六根清淨方不迷
活在當下做自己
隨波逐流因何起
迷失徬徨苦無依

做自己

六根清淨方不迷活在

當下做自己隨波逐流

因何起迷失徬徨苦無

依

鐘友聯教授禪詩

癸巳仲夏吉峰村人書

眾生迷

凡塵染境眾生迷
不知貪瞋痴毒屬
若能勤修戒定慧
無疾含笑鶴歸西

凡塵染境眾生迷不知
貪瞋痴毒屬若能勤修
戒定慧無疾含笑鶴歸
西

眾生迷